Sylwia Erdmanska-Kolanczyk

Cookies und Kekse

30 unwiderstehliche Rezepte

riva

Inhalt

EAT ME

FROM THE DAIRY

Vorwort

Hallo, ihr Lieben,

Cookies und Kekse gehen immer! Ob man eingeladen ist und etwas mitbringen will, zu Hause Lust auf etwas Süßes hat, für den Kaffeetisch noch eine Kleinigkeit braucht oder an Weihnachten die Keksdose füllen möchte. Und selbst gemacht ist einfach besser, da weiß man wenigstens, woraus die Kalorien bestehen, die man zu sich nimmt! Die klassischen Chocolate Chip Cookies aus den USA oder die deutschen Lebkuchen, knusprige Dinkelkekse und frische Zitronen-Cookies – für all diese Leckereien gibt es hier ein einfaches Rezept!

Und jetzt viel Spaß beim Backen und Genießen!

Eure Sylwia

Apple Cinnamon Oatmeal Cookies

CA. 10 STÜCK

Zutaten:

1 Apfel
2 EL Butter
1 Ei (Größe M)
110 g flüssiger Honig
100 g kernige Haferflocken
90 g Weizenmehl
1 ½ TL Zimt
1 TL Backpulver

1. Den Backofen auf 180 °C Ober- und Unterhitze vorheizen.
2. Ein Backblech mit Backpapier auslegen.
3. Apfel schälen und in kleine Würfel schneiden.
4. Butter schmelzen lassen und auskühlen, anschließend mit Ei und Honig schaumig schlagen.
5. Danach die restlichen Zutaten dazugeben und alles zu einem Teig vermengen.
6. Pro Keks 1 EL Teig mit etwas Abstand auf das Blech geben, etwas platt drücken.
7. In ca. 15–20 Minuten goldbraun backen.

EAT
ME

Bananenkekse mit Schokostücken

CA. 20 STÜCK

Zutaten:

1 reife mittelgroße Banane
115 g weiche Butter
80 g weißer Zucker
80 g brauner Zucker
200 g Weizenmehl
1 Päckchen Vanillezucker
½ TL Natron
1 Prise Salz
100 g Chocolate Chips

1. Alle Zutaten sollten Zimmertemperatur haben.
2. Die Banane mit der Gabel zudrücken.
3. Die Butter und beide Zuckersorten mit dem Mixer schaumig schlagen.
4. Danach die Banane hinzufügen und unterrühren.
5. Die restlichen Zutaten unterheben und zu einem Teig verarbeiten.
6. Ist der Teig zu weich, für ca. 30 Minuten in den Kühlschrank legen. Den Backofen auf 180 °C Ober- und Unterhitze vorheizen.
7. Mithilfe von 2 Esslöffeln oder einem Eisportionierer den Teig zu Kugeln formen und auf ein mit Backpapier ausgelegtes Backblech geben. Abstand lassen, da der Teig beim Backen zerläuft.
8. Im vorgeheizten Backofen ca. 10 Minuten goldbraun backen.
9. Auskühlen lassen.

Biskuit-Mohn-Ballen

CA. 15 STÜCK

Zutaten:

- 3 Eier (Größe M, zimmerwarm)
- 80 g Zucker
- 75 g Weizenmehl, gesiebt
- 3–4 EL Mohn
- ca. 50 g Erdbeermarmelade

1. Eier mit dem Zucker im Wasserbad schaumig aufschlagen. Dafür einen großen, mit Wasser gefüllten Topf auf den Herd stellen und eine kleinere Schüssel oder einen Topf hineinhängen. Das Wasser erhitzen und die Eier und den Zucker in der kleineren Schüssel mit einem Schneebesen aufschlagen. Das Wasserbad sollte ungefähr 70–80 °C haben. Um die richtige Temperatur zu erreichen, kann man kochendes und kaltes Wasser mischen.
2. Den Backofen auf 180 °C Ober- und Unterhitze vorheizen.
3. Anschließend vorsichtig das Mehl unterheben.
4. Mithilfe eines Löffels kleine Portionen auf ein mit Backpapier ausgelegtes Backblech häufen.
5. Die Plätzchen mit Mohn bestreuen.
6. Im vorgeheizten Backofen ca. 10–15 Minuten hellgoldgelb backen.
7. Auskühlen lassen.
8. Die Hälfte der Kekse mit Marmelade bestreichen und mit einem weiteren Keks bedecken.
9. Anschließend die Kekse für ca. 6–8 Stunden mit einem Küchentuch bedecken, bis sie weich sind.

Browniekekse

CA. 13 STÜCK

Zutaten:

200 g Zartbitterschokolade
60 g Butter
2 Eier (Größe M)
150 g Zucker
50 g Mehl Type 405
½ TL Backpulver

1. Die Schokolade grob hacken und gemeinsam mit der Butter in einem Topf erwärmen und unter Rühren langsam schmelzen.
2. Den Backofen auf 180 °C Ober- und Unterhitze vorheizen.
3. Eier und Zucker in eine Rührschüssel geben und mit dem Handmixer mehrere Minuten lang schlagen, bis alles schön dick und voluminös wird.
4. Unter ständigem Rühren die flüssige Schoko-Butter dazugeben.
5. Mehl und Backpulver nun zur Schokoladenmasse geben und kurz unterrühren.
6. Den Teig in Häufchen von ca. 1 EL auf einem mit Backpapier ausgelegten Backblech verteilen, dabei etwas Abstand zwischen den Keksen lassen!
7. Nicht länger als 10 Minuten backen, sonst werden die Kekse hart.

Chocolate Chip Cookies

CA. 13–15 STÜCK

Zutaten:

110 g weiche Butter
90 g weißer Zucker
90 g brauner Zucker
1 Ei (Größe M)
165 g Weizenmehl
30 g echter Kakao
½ TL Backpulver
½ TL Natron
1 Prise Salz
1 Päckchen Vanillezucker
200 g Zartbitter- oder Vollmilch-Chocolate-Chips

1. Butter und Zucker mit dem Mixer schaumig schlagen.
2. Danach das Ei hinzufügen und unterrühren.
3. Die restlichen Zutaten unterheben und zu einem Teig verarbeiten.
4. Ist der Teig zu weich, für ca. 30 Minuten in den Kühlschrank stellen. Den Backofen auf 180 °C Ober- und Unterhitze vorheizen.
5. Mithilfe von 2 Esslöffeln oder einem Eisportionierer den Teig zu Kugeln formen und auf ein mit Backpapier ausgelegtes Backblech legen.
6. Abstand lassen, da der Teig beim Backen zerläuft.
7. Im vorgeheizten Backofen ca. 10–15 Minuten backen.
8. Nach dem Backen werden die Cookies sehr weich, erst nach dem Abkühlen fester.

Cranberry Cookies

CA. 20 STÜCK

Zutaten:

125 g weiche Butter
110 g weißer Zucker
110 g brauner Zucker
1 Ei (Größe M)
120 g weiße Schokolade
225 g Weizenmehl
1 TL Backpulver
1 Päckchen Vanillezucker
100 g getrocknete Cranberrys

1. Alle Zutaten sollten Zimmertemperatur haben.
2. Butter und Zucker mit dem Mixer schaumig schlagen.
3. Danach das Ei hinzufügen und unterrühren.
4. Die Schokolade grob hacken und zusammen mit den restlichen Zutaten unterheben. Zu einem Teig verarbeiten.
5. Ist der Teig zu weich, für ca. 30 Minuten in den Kühlschrank stellen. Den Backofen auf 180 °C Ober- und Unterhitze vorheizen.
6. Mithilfe von 2 Esslöffeln oder einem Eisportionierer den Teig zu Kugeln formen und auf ein mit Backpapier ausgelegtes Backblech geben. Abstand lassen, da der Teig beim Backen zerläuft.
7. Im vorgeheizten Backofen ca. 10–15 Minuten backen.

Erdbeer-Cookies

CA. 13 STÜCK

Zutaten:

100 g weiche Butter
130 g Zucker
1 Ei (Größe M)
200 g Weizenmehl
½ TL Backpulver
1 Päckchen Vanillezucker
3–5 Erdbeeren
1 EL Schokotröpfchen

1. Butter und Zucker mit dem Mixer schaumig schlagen.
2. Danach das Ei hinzufügen und unterrühren.
3. Mehl, Backpulver und Vanillezucker unterheben und zu einem Teig verarbeiten.
4. Ist der Teig zu weich, für ca. 30 Minuten in den Kühlschrank stellen. Den Backofen auf 180 °C Ober- und Unterhitze vorheizen.
5. Mithilfe von 2 Esslöffeln oder einem Eisportionierer den Teig zu Kugeln formen und auf ein mit Backpapier ausgelegtes Backblech geben.
6. Erdbeeren klein schneiden. Mit den Schokotröpfchen auf den Keksen verteilen und leicht andrücken. Abstand lassen, da der Teig beim Backen zerläuft.
7. Im vorgeheizten Backofen ca. 10–15 Minuten leicht goldbraun backen.

Erdnussbutter-Brezel-Kekse

CA. 13 STÜCK

Zutaten:

260 g Erdnussbutter mit Nuss-Stückchen
200 g Zucker
1 Ei (Größe M)
ca. 15 kleine Salzbrezeln

1. Den Backofen auf 180 °C Ober- und Unterhitze vorheizen. Ein Backblech mit Backpapier auslegen.
2. Alle Zutaten in eine Schüssel geben und mit einem Kochlöffel vermengen.
3. Dann von Hand zu einem glatten Teig kneten.
4. Aus dem Teig kleine Kugeln formen, mit ausreichendem Abstand auf das Backblech setzen und jeweils eine Brezel darauflegen.
5. Diese leicht eindrücken und die Kugel gleichzeitig etwas flach drücken.
6. In ca. 12–15 Minuten goldbraun backen.

Erdnussbutterkekse

CA. 12 STÜCK

Zutaten:

100 g weiche Butter
120 g Erdnussbutter
150 g brauner Zucker
1 Ei (Größe M)
170 g Weizenmehl
1 Prise Salz
⅔ TL Backpulver
⅔ TL Natron
1 Päckchen Vanillezucker

Topping:

3–4 EL geröstete Erdnüsse

1. Den Backofen auf 180 °C Ober- und Unterhitze vorheizen.
2. Butter, Erdnussbutter sowie Zucker mit dem Mixer schaumig schlagen.
3. Danach das Ei hinzufügen und unterrühren.
4. Die restlichen Zutaten unterheben und zu einem Teig verarbeiten.
5. Mithilfe von 2 Esslöffeln oder einem Eisportionierer den Teig zu Kugeln formen und auf ein mit Backpapier ausgelegtes Backblech legen. Abstand lassen, da der Teig beim Backen zerläuft.
6. Mit den Erdnüssen dekorieren.
7. Im vorgeheizten Backofen bei 180 °C ca. 10–15 Minuten backen.

Plätzchen mit Sonnenblumenkernen

CA. 20 STÜCK

Zutaten:

4 EL weiche Butter
130 g brauner Zucker
1 Ei (Größe M)
130 g Weizenmehl
¼ TL Natron
1 Päckchen Vanillezucker
100 g Sonnenblumenkerne

1. Die Zutaten sollen Zimmertemperatur haben.
2. Butter und Zucker mit dem Mixer schaumig schlagen.
3. Danach das Ei hinzufügen und unterrühren.
4. Anschließend die restlichen Zutaten zugeben und zu einem glatten Teig verkneten.
5. Ist der Teig zu weich, kann man ihn für ca. 30 Minuten in den Kühlschrank legen. Den Backofen auf 180 °C Ober- und Unterhitze vorheizen.
6. Aus dem Teig kleine Kugeln formen, mit ausreichendem Abstand auf das Backblech setzen.
7. Im vorgeheiztem Backofen ca. 15 Minuten goldbraun backen.

Haferflockenkekse

CA. 12 STÜCK

Zutaten:

200 g Haferflocken
100 g weiche Butter
60 g Zucker
2 Eier (Größe M)
45 g Weizenmehl
1 TL Backpulver
1 Päckchen Vanillezucker

1. Den Backofen auf 180 °C Ober- und Unterhitze vorheizen.
2. Ein Backblech mit Backpapier auslegen.
3. Haferflocken mit den restlichen Zutaten gut vermengen.
4. Pro Keks 1 EL auf das Blech geben, etwas platt drücken.
5. In ca. 15–20 Minuten goldbraun backen.
6. Nach dem Backen sind die Kekse sehr weich, diese erst auf dem Backblech komplett auskühlen lassen. Anschließend in einer Dose bis zum Verzehr luftdicht aufbewahren.

Fitness-Möhrenkekse

CA. 10 STÜCK

Zutaten:

- 100 g Möhre
- 60 g Butter
- 1 Ei (Größe M)
- 100 ml flüssiger Honig
- 100 g kernige Haferflocken
- 100 g Weizenmehl
- 1 TL Backpulver
- 1 TL Zimt
- 1 Päckchen Vanillezucker

1. Den Backofen auf 180 °C Ober- und Unterhitze vorheizen.
2. Ein Backblech mit Backpapier auslegen.
3. Die Möhre fein raspeln.
4. Butter schmelzen und auskühlen lassen, anschließend mit Ei und Honig schaumig schlagen.
5. Danach die restlichen Zutaten dazugeben und alles zu einem Teig vermengen.
6. Pro Keks 1 EL auf das Blech geben, etwas platt drücken.
7. In ca. 15–20 Minuten goldbraun backen.

Kunterbunte Smartieskekse

CA. 20 STÜCK

Zutaten:

100 g weiche Butter
130 g Zucker
1 Ei (Größe M)
200 g Mehl
½ TL Backpulver
1 Päckchen Vanillezucker

Topping:

ca. 100 g Smarties (bunte Schokolinsen)

1. Den Backofen auf 180 °C Ober- und Unterhitze vorheizen.
2. Butter und Zucker mit dem Mixer schaumig schlagen.
3. Anschließend die restlichen Zutaten zu einem glatten Teig verkneten.
4. Aus dem Teig kleine Kugeln formen und mit ausreichendem Abstand auf das Backblech setzen.
5. Einige bunte Smarties darauflegen und leicht eindrücken.
6. Im vorgeheizten Backofen ca. 12–15 Minuten goldbraun backen.

Knusprige Dinkelkekse

CA. 15 STÜCK

Zutaten:

100 g Butter
120 g Puderzucker
2 EL Honig
160 g Dinkelmehl
½ TL Backpulver

1. Den Backofen auf 180 °C Ober- und Unterhitze vorheizen.
2. Die Butter in kleine Würfel schneiden, Puderzucker und Honig mit dem Mixer vermengen.
3. Die restlichen Zutaten unterheben und zu einem Teig verarbeiten.
4. Aus dem Teig mit den Händen kleine Kugeln formen und auf ein mit Backpapier ausgelegtes Backblech geben.
5. Abstand lassen, da der Teig beim Backen zerläuft.
6. Im vorgeheizten Backofen ca. 10–15 Minuten backen.

SINGLE CREAM
FROM THE DAIRY

Marzipanplätzchen

CA. 35 STÜCK

Zutaten:

130 g Marzipanmasse
60 g Puderzucker
90 g Butter
2 Eigelb
1 TL Amarettoaroma (Bittermandelaroma)
160 g Weizenmehl
135 g Kartoffelmehl

1. Alle Zutaten sollten Zimmertemperatur haben.
2. Alle Zutaten mit den Händen zu einem glatten Teig kneten, in Frischhaltefolie wickeln und ca. 30 Minuten in den Kühlschrank legen. Den Backofen auf 180 °C Ober- und Unterhitze vorheizen.
3. Danach aus dem Teig walnussgroße Kügelchen formen, leicht andrücken und auf ein mit Backpapier ausgelegtes Backblech setzen. Dabei Abstand lassen, da der Teig beim Backen zerläuft.
4. Im vorgeheizten Backofen ca. 10–15 Minuten goldbraun backen.

Sommerblümchen

CA. 35 STÜCK

Zutaten:

140 g weiche Butter
50 g Puderzucker
1 Ei (Größe. M)
200 g Weizenmehl
1 Päckchen Vanillezucker
1 Prise Salz

Füllung:

4–6 TL Kirschkonfitüre

Außerdem:

Spritzbeutel mit Sterntülle (Ø ca. 4 cm)

1. Die Zutaten sollten Zimmertemperatur haben.
2. Butter und Puderzucker mit dem Mixer schaumig schlagen.
3. Danach das Ei hinzufügen und unterrühren.
4. Die restlichen Zutaten für den Teig unterheben und zu einem Teig verarbeiten. Den Backofen auf 180 °C Ober- und Unterhitze vorheizen.
5. Die Masse in den Spritzbeutel füllen.
6. Auf mit Backpapier ausgelegte Backbleche spritzen, dabei jeweils Abstand lassen.
7. Mit einem Kochlöffelstiel oder einem Finger jeweils eine kleine Mulde in die Mitte drücken.
8. Etwas Konfitüre in alle Mulden füllen.
9. Im vorgeheiztem Backofen ca. 15 Minuten goldbraun backen.

HERRY
M

Orangenkekse

CA. 30 STÜCK

Zutaten:

150 g weiche Butter
150 g Zucker
1 Ei (Größe M)
Abrieb von 1 großen Bio-Orange
1 TL Orangensaft
250 g Weizenmehl
¾ TL Backpulver

Topping:

50 g weiße Schokolade
kandierte Orangenschale

1. Den Backofen auf 180 °C Ober- und Unterhitze vorheizen.
2. Butter und Zucker mit dem Mixer schaumig schlagen.
3. Danach das Ei hinzufügen und unterrühren.
4. Anschließend die restlichen Zutaten für den Teig unterheben und zu einem glatten Teig verarbeiten. Ist der Teig zu weich, für ca. 20 Minuten in den Kühlschrank legen.
5. Daraus kleine Kügelchen formen, leicht andrücken und auf ein mit Backpapier ausgelegtes Backblech setzen. Abstand lassen, da der Teig beim Backen zerläuft.
6. Im vorgeheizten Backofen ca. 10 Minuten goldbraun backen.
7. Nach dem Abkühlen die Schokolade schmelzen lassen. Die Kekse damit beträufeln.
8. Mit Orangenschalen garnieren.
9. Abkühlen lassen.

Parmesankekse

CA. 15 STÜCK

Zutaten:

120 g Butter
130 g Parmesan- oder italienischer Hartkäse, gerieben
150 g Weizenmehl Type 405

Topping:

frische Kräuter zum Verzieren (optional)

1. Alle Zutaten mit den Händen zu einem glatten Teig kneten. In Frischhaltefolie wickeln und 1 Stunde kalt stellen.
2. Anschließend den Backofen auf 180 °C Ober- und Unterhitze vorheizen und den Teig zwischen zwei Lagen Backpapier gleichmäßig ausrollen (ca. 0,3–0,5 cm dick). Mit Eierbechern die Kekse ausstechen.
3. Auf mit Backpapier belegte Backbleche legen.
4. Die Kekse nach Belieben mit Kräutern verzieren.
5. Im vorgeheiztem Backofen ca. 15 Minuten goldbraun backen.
6. Auskühlen lassen.

Baking

Marmorkekse

CA. 15 STÜCK

Zutaten:

200 g weiche Butter
100 g Puderzucker
1 Eigelb (Größe M)
230 g Weizenmehl
1 Päckchen Vanillezucker
30 g echter Kakao

1. Butter und Puderzucker mit dem Mixer schaumig schlagen.
2. Danach das Eigelb hinzufügen und unterrühren.
3. Anschließend Mehl und Vanillezucker dazugeben. Mit den Knethaken des Mixers zu einem glatten Teig verrühren.
4. Nun den Teig halbieren. Die eine Hälfte mit dem Kakao verkneten.
5. Dann in Folie wickeln und für ca. 30–45 Minuten in den Kühlschrank legen.
6. Beide Teile grob miteinander verkneten, sodass ein Marmormuster entsteht, und zu einer Rolle formen.
7. Danach für ca. 30 Minuten in den Kühlschrank legen.
8. Anschließend in 1 cm dicke Scheiben schneiden.
9. Den Backofen auf 180 °C Ober- und Unterhitze vorheizen.
10. Die Teigscheiben mit etwas Abstand auf ein mit Backpapier belegtes Blech legen.
11. Im vorgeheizten Backofen ca. 12–15 Minuten backen.

Marmeladenplätzchen

CA. 20 STÜCK

Zutaten:

125 g kalte Butter
1 Eigelb (Größe M)
110 g Weizenmehl
110 g gemahlene Mandeln
1 Päckchen Vanillezucker
½ TL Backpulver
3 EL echter Kakao

Füllung:

ca. 150 g dickflüssige Konfitüre nach Belieben

Topping:

2 EL Zucker

1. Alle Zutaten für den Teig außer dem Kakao in eine Schüssel geben und mit den Händen oder den Knethaken kräftig durchkneten, bis ein glatter Teig entsteht.
2. Den Teig halbieren. Die eine Hälfte mit dem Kakao verkneten.
3. Den Teig in Folie gewickelt ca. 1 Stunde in den Kühlschrank legen.
4. Den Backofen auf 180 °C Ober- und Unterhitze vorheizen und ein Backblech mit Backpapier belegen.
5. Anschließend aus dem hellen und dunklen Teig haselnussgroße Kugeln formen und mit Abstand auf das Blech legen. Mit einem Kochlöffelstiel oder einem Finger jeweils eine kleine Mulde in die Mitte drücken.
6. Etwas Konfitüre in alle Mulden füllen. Mit Zucker bestreuen.
7. In ca. 15 Minuten leicht goldbraun backen.

Triple Chocolate Cookies

CA. 30 STÜCK

Zutaten:

- 170 g weiche Butter
- 120 g weißer Zucker
- 120 g brauner Zucker
- 1 Ei (Größe M)
- 50 g Vollmilch-schokolade
- 50 g weiße Schokolade
- 50 g Zartbitter-schokolade
- 230 g Weizenmehl
- 50 g echter Kakao
- ½ TL Backpulver
- ½ TL Natron
- 1 Päckchen Vanillezucker
- ¼ TL Salz
- 1 EL Milch

1. Butter und Zucker mit dem Mixer schaumig schlagen.
2. Danach das Ei hinzufügen und unterrühren.
3. Die Schokolade grob hacken und zusammen mit den restlichen Zutaten unterheben und zu einem Teig verarbeiten.
4. Ist der Teig zu weich, für ca. 30 Minuten in den Kühlschrank legen. Den Backofen auf 180 °C Ober- und Unterhitze vorheizen.
5. Mithilfe von 2 Esslöffeln oder einen Eisportionierer den Teig zu Kugeln formen und auf ein mit Backpapier ausgelegtes Backblech geben.
6. Abstand lassen, da der Teig beim Backen zerläuft.
7. Im vorgeheizten Backofen ca. 10–15 Minuten backen.
8. Nach dem Backen sind die Cookies sehr weich, sie werden erst nach dem Abkühlen fester.

Waffelkekse

CA. 35 STÜCK

Zutaten:

250 g Weizenmehl
150 g Butter
120 g Zucker
1 Ei (Größe M)
1 Päckchen Vanillezucker
etwas Zimt (optional)
etwas Butter fürs Waffeleisen
Puderzucker zum Bestreuen

Außerdem:
Waffeleisen

1. Alle Zutaten für den Teig mit den Händen oder dem Mixer zu einem glatten Teig vermengen.
2. Aus dem Teig mit den Händen kleine Kugeln formen.
3. Das Waffeleisen erhitzen und wenn nötig mit etwas Butter fetten.
4. Die Teigkugeln mit ausreichend Abstand zueinander im Waffeleisen platzieren.
5. Anschließend die Kekse je nach Stärke des Eisens jeweils etwa 4–5 Minuten goldbraun backen.
6. Auf dem Gitterrost auskühlen lassen und mit Puderzucker bestreuen.

Zitronen-Cookies

CA. 20 STÜCK

Zutaten:

150 g weiche Butter
150 g Zucker
1 Ei (Größe M)
Abrieb von 2 Bio-Zitronen
1 TL Zitronensaft
250 g Weizenmehl
¾ TL Backpulver

1. Den Backofen auf 180 °C Ober- und Unterhitze vorheizen.
2. Butter und Zucker mit dem Mixer schaumig schlagen.
3. Danach das Ei hinzufügen und unterrühren.
4. Anschließend die restlichen Zutaten unterheben und zu einem glatten Teig verarbeiten.
5. Daraus kleine Kügelchen formen, leicht andrücken und auf ein mit Backpapier ausgelegtes Backblech setzen.
6. Abstand lassen, da der Teig beim Backen zerläuft.
7. Im vorgeheizten Backofen ca. 10 Minuten goldbraun backen.
8. Abkühlen lassen.

Nusskipferl

CA. 25 STÜCK

Zutaten:

120 g weiche Butter
80 g Puderzucker
2 Eigelbe (Größe M)
220 g Weizenmehl
50 g gemahlene Nüsse
2 EL Milch

1. Butter und Puderzucker mit dem Mixer schaumig schlagen.
2. Danach die Eigelbe hinzufügen und unterrühren.
3. Die restlichen Zutaten unterheben.
4. Alles mit den Händen rasch zu einem glatten Teig kneten. In Folie gewickelt 1 Stunde kalt stellen. Den Backofen auf 180 °C Ober- und Unterhitze vorheizen.
5. Den Teig in 4 Teile teilen. Portionsweise aus dem Kühlschrank nehmen und aus jeweils walnussgroßen Stücken Hörnchen formen. Mit Abstand auf das mit Backpapier ausgelegte Blech legen.
6. Mit der Gabel leicht ein Muster drücken.
7. Im vorgeheizten Backofen ca. 12 Minuten leicht goldbraun backen.

Teebeutelkekse

CA. 35 STÜCK

Zutaten:

180 g kalte Butter
200 g Puderzucker
350 g Mehl Type 405
1 Ei (Größe M)
1 Eigelb (Größe M)
1 Päckchen Vanillezucker

Topping:

100 g Zartbitterschokolade

Außerdem:

Faden und ca. 35 Teeschildchen zum Selbstgestalten

1. Alle Zutaten für den Teig in eine Schüssel geben und mit den Händen oder den Knethaken kräftig durchkneten, bis ein glatter Teig entsteht.
2. Den Teig in Folie gewickelt ca. 30 Minuten in den Kühlschrank legen.
3. Den Backofen auf 180 °C Ober- und Unterhitze vorheizen und ein Backblech mit Backpapier belegen.
4. Teig auf ca. 0,6 cm Dicke ausrollen.
5. Mithilfe eines Teebeutels aus dem Teig Teebeutelformen schneiden.
6. Die Kekse auf Backbleche legen.
7. Anschließend z. B. mit einem Strohhalm ein Loch hineinstechen.
8. Die Kekse ca. 10–12 Minuten backen.
9. Die Schokolade schmelzen. Jeden Keks zur Hälfte eintauchen. Überschüssige Schokolade abtropfen lassen. Die Kekse auf Backpapier legen und trocknen lassen. Anschließend durch die Löcher Fäden stecken und individuelle Teeschildchen anhängen.

Weihnachtliche Gewürztannen

CA. 14 STÜCK

Zutaten:

150 g weiche Butter
100 g Puderzucker
1 Päckchen Vanillezucker
1 Ei (Größe M)
2 TL flüssiger Honig
250 g Weizenmehl
1 ½ TL Lebkuchengewürz
½ TL Zimt
½ TL Backpulver
Eiweißspritzglasur (siehe Seite 55)

Außerdem:

Tannen-Ausstechform

1. Butter, Puderzucker, Vanillezucker und Ei mit den Quirlen des Handrührgerätes mehrere Minuten lang cremig mixen.
2. Honig zugeben und weiter kurz verrühren.
3. Anschließend die restlichen Zutaten hinzufügen und weiter mixen, bis ein glatter Teig entsteht.
4. Den Teig nun zu einer Kugel formen, dann etwas plattieren und in Frischhaltefolie gehüllt für ca. 1 Stunde in den Kühlschrank legen.
5. Unterdessen den Backofen auf 180 °C Ober- und Unterhitze vorheizen.
6. Backblech mit Backpapier versehen.
7. Auf einer leicht bemehlten Arbeitsfläche den Teig 0,5 cm dick ausrollen und mit einem Tannen-Keksausstecher Kekse ausstechen.
8. Auf das mit Backpapier belegte Backblech legen und ca. 10 Minuten goldbraun backen.
9. Wenn sie aus dem Backofen kommen, sind sie noch weich, härten aber später nach.
10. Mit Eiweißspritzglasur verzieren.

Eiweißspritzglasur

FÜR CA. 14 KEKSE (JE NACH VERZIERUNG)

Zutaten:

150 g Puderzucker
30 g Eiweiß (Größe M)
6 Tropfen Zitronensaft
Lebensmittelfarbe (optional)

Außerdem:

Einwegspritzbeutel oder Gefriertüte

1. Den Puderzucker sieben.
2. In eine Rührschüssel Eiweiß, Zitronensaft und Puderzucker geben. Mit dem Mixer auf niedriger Stufe ca. 10 Minuten verrühren. Die Masse sollte schön glänzend sein.
3. Etwas Lebensmittelfarbe hinzugeben.
4. Die fertige Glasur in eine Papierspritztüte, einen Einwegspritzbeutel oder einen Gefrierbeutel füllen. Eine winzige Ecke abschneiden und das Gebäck mit der Glasur dekorieren. (Wenn sie zu weich ist, noch etwas Puderzucker einrühren. Ist sie zu fest, noch etwas Zitronensaft oder Wasser tröpfchenweise dazugeben oder noch etwas Eiweiß.)

Weihnachtscookies Ho Ho Ho!

CA. 30 STÜCK

Zutaten:

250 ml Honig
200 g Zucker
40 g Lebkuchengewürz
600 g Weizenmehl
125 g weiche Butter
1 Ei (Größe M)
1 TL Natron

Topping:

Zuckerguss nach Belieben

Außerdem:

weihnachtliche Keksausstechformen nach Belieben

1. Den Honig mit Zucker und Lebkuchengewürz in einem Topf erwärmen und Backofen auf 180 °C Ober- und Unterhitze vorheizen.
2. Mehl in eine Schüssel sieben. Eine Mulde in die Mitte drücken und den lauwarmen Zucker-Honig hineingießen. Die Butter und die restlichen Zutaten für den Teig hinzufügen und alles zu einem glatten Teig verarbeiten (der Teig kann etwas klebrig sein).
3. Anschließend den Teig auf einer leicht bemehlten Arbeitsfläche ca. 3–4 mm dick ausrollen und nach Belieben Kekse ausstechen.
4. Mit etwas Abstand auf das mit Backpapier ausgelegte Backblech legen und im vorgeheiztem Backofen ca. 6–8 Minuten backen.
5. Die Lebkuchen sollten weich werden. Falls sie nach dem Auskühlen zu hart sind, einfach über Nacht oder etwas länger auf einem Kuchengitter liegen lassen.
6. Nach Lust und Laune mit einem Zuckerguss dekorieren.

Lebkuchen

CA. 20–25 STÜCK

Zutaten:

2 EL Honig
320 g Weizenmehl
150 g Zucker
1½ TL Natron
20 g Lebkuchengewürz
2 EL Butter
1 Ei (Größe M)
2–4 EL warme Milch
Zuckerguss (optional)

Außerdem:

Keksausstechform

1. Den Honig in einem Topf erhitzen.
2. Mehl in eine Schüssel sieben. Eine Mulde in die Mitte drücken und den heißen Honig hineingießen. Mit den Knethaken eines Handrührgeräts vermischen.
3. Zucker, Natron, Lebkuchengewürz, Butter und Ei untermischen und zu einem glatten Teig verarbeiten. So viel Milch dazugeben, bis der Teig glatt und geschmeidig ist.
4. Ist der Teig zu weich, für ca. 30 Minuten in den Kühlschrank stellen. Den Backofen auf 180 °C Ober- und Unterhitze vorheizen.
5. Den Teig auf einer leicht bemehlten Arbeitsfläche ca. 0,5 cm dick ausrollen und nach Belieben Kekse ausstechen.
6. Mit etwas Abstand auf das mit Backpapier ausgelegte Backblech legen und im vorgeheiztem Backofen ca. 10–12 Minuten backen.
7. Nach dem Auskühlen die Lebkuchen nach Belieben mit einem Zuckerguss dekorieren.

Spitzbuben-Plätzchen

CA. 20 STÜCK

Zutaten:

45 g Kokosraspel
130 g weiche Butter
80 g Puderzucker
1 Ei (Größe M)
250 g Weizenmehl
½ TL Backpulver
1 Päckchen Vanillezucker
etwas Puderzucker zum Bestreuen

Füllung:

ca. 130 g Himbeermarmelade

Außerdem:

Stern-Ausstechform (groß und klein)

1. Die Zutaten sollten Zimmertemperatur haben. Kokosraspel in einem Mixer zermahlen. Butter und Puderzucker mit dem Mixer schaumig schlagen. Danach das Ei hinzufügen und weitere 3 Minuten schlagen. Die restlichen Zutaten für den Teig unterheben und zu einem Teig verarbeiten.
2. Den Teig in Frischhaltefolie wickeln und 1 Stunde kalt stellen. Den Backofen auf 180 °C Ober- und Unterhitze vorheizen.
3. Anschließend den Teig auf einer mit Mehl bestreuten Arbeitsfläche ausrollen.
4. Mit einer Stern-Ausstechform Plätzchen ausstechen. Auf mit Backpapier ausgelegte Backbleche verteilen. In die Mitte der Hälfte aller Plätzchen mit einer kleineren Stern-Ausstechform jeweils ein Loch stechen.
5. Plätzchen im vorgeheizten Backofen ca. 10–13 leicht goldbraun backen. Auskühlen lassen.
6. Die Plätzchen mit dem runden Loch in der Mitte mit Puderzucker bestäuben.
7. Marmelade in einem Topf erwärmen. Einen kleinen Klecks Marmelade in die Mitte der Plätzchen ohne Loch geben. Die mit Puderzucker bestäubten Plätzchen daraufsetzen und leicht andrücken.

Süße Rentier-Cookies

CA. 40 STÜCK

Zutaten:

180 g kalte Butter
200 g Puderzucker
350 g Mehl Type 405
1 Ei (Größe M)
1 Eigelb
1 Päckchen Vanillezucker

Topping:

1 Handvoll rote Schokolinsen
70 g Schokolade oder fertige Schokoschrift

1. Alle Zutaten für den Teig in eine Schüssel geben und mit den Händen oder den Knethaken kräftig durchkneten, bis ein glatter Teig entsteht.
2. Den Teig in Folie gewickelt ca. 30 Minuten in den Kühlschrank legen.
3. Den Backofen auf 180 °C Ober- und Unterhitze vorheizen und ein Backblech mit Backpapier belegen.
4. Teig auf ca. 0,6 cm Dicke ausrollen. Plätzchen mit einer runden Form ausstechen.
5. Die Kekse ca. 10–12 Minuten leicht goldbraun backen. Auskühlen lassen.
6. Schokolade in einem warmen Wasserbad schmelzen.
7. Jedem Keks im unteren Drittel mithilfe von etwas Schokolade eine Schokolinse als Nase aufkleben.
8. Die übrige Schokolade in einen Gefrierbeutel füllen und eine Ecke abschneiden.
9. Mit der Schokolade Geweih aufmalen. Die Cookies anschließend ruhen lassen.

Let it snow
WE
NEW YEAR

Bibliografische Information der Deutschen Nationalbibliothek
Die Deutsche Nationalbibliothek verzeichnet diese Publikation in der Deutschen Nationalbibliografie. Detaillierte bibliografische Daten sind im Internet über http://d-nb.de abrufbar.

Für Fragen und Anregungen
info@rivaverlag.de

Wichtiger Hinweis
Ausschließlich zum Zweck der besseren Lesbarkeit wurde auf eine genderspezifische Schreibweise sowie eine Mehrfachbezeichnung verzichtet. Alle personenbezogenen Bezeichnungen sind somit geschlechtsneutral zu verstehen.

Originalausgabe
1. Auflage 2022

Türkenstraße 89
80799 München
Tel.: 089 651285-0
Fax: 089 652096

Redaktion: Ulrike Reinen
Umschlaggestaltung: Pamela Machleidt
Umschlagabbildungen und Abbildungen im Innenteil: Sylwia Erdmanska-Kolanczyk
Satz: Satzwerk Huber, Germering
Druck: Florjancic Tisk d.o.o., Slowenien
Printed in the EU

ISBN Print 978-3-7423-1969-2
ISBN E-Book (PDF) 978-3-7453-1698-8
ISBN E-Book (EPUB, Mobi) 978-3-7453-1699-5

Weitere Informationen zum Verlag finden Sie unter

www.rivaverlag.de

Beachten Sie auch unsere weiteren Verlage unter www.m-vg.de